LETTRE ÉLECTORALE

D'UN MAIRE

DE VILLAGE

A SES COLLÈGUES

Prix : 25 centimes

PARIS

ARMAND LE CHEVALIER, ÉDITEUR

61, RUE DE RICHELIEU, 61

LETTRE ÉLECTORALE

D'UN

MAIRE DE VILLAGE

A SES COLLÈGUES

———

Maisières, le 25 octobre 1868.

Maires de village, mes collègues, c'est à vous que ce discours s'adresse. Lisez-le, si vous en avez le temps, car je parle pour notre bien à tous.

Causons un peu de nos devoirs de

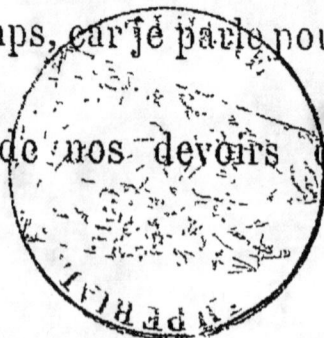

maire. Ils sont tellement nombreux et variés, de par la loi, que nous en avons bien assez, si ce n'est trop. Aussi, lorsqu'on veut nous en imposer d'autres dont la loi ne dit mot, faut-il les refuser net.

Lorsque nous avons administré et employé, pour le plus grand bien de la commune, les deniers municipaux suivant les prescriptions du conseil et avec l'aide des administrations, qui ne sont pas toujours commodes, nous ne sommes pas au bout de nos peines. Notre magistrature est la plus humble de toutes, mais la plus chargée d'attributions.

En effet, on nous a fait officiers (sans épaulettes) de toutes sortes de choses : officiers d'état civil, de police municipale, de police judiciaire, au besoin de gendarmerie et de statistique; officiers de paix, pour empêcher les batailles chez nous; officiers de guerre (toujours sans épaulettes et surtout sans solde), lorsque le gouvernement nous demande nos garçons pour les envoyer battre au Mexique ou ailleurs; enfin, officiers officiant en toutes sortes d'offices dont le nombre ne cesse de s'accroître. On abuse de notre complaisance et on nous met à toutes les sauces, ce qui nous fait enrager, lorsqu'il s'agit de satisfaire une nouvelle fantaisie bureaucratique. Mais enfin nous faisons de notre mieux pour contenter tout le monde, et nous obéissons.

Cette obéissance, excellente lorsqu'il s'agit d'exécuter la loi, nous ne la devons pas aux injonctions qui sont en contradiction avec elle.

Ainsi, quand vient le moment de renouveler le Corps législatif, voire même les conseils généraux, on trouve commode de nous imposer encore le brevet d'officiers d'élections, pour commander le feu dans la bataille électorale, faire partir nos administrés du pied gauche, et les mener au scrutin comme un seul homme, dans l'intérêt du candidat officiel, bien entendu. Ce nouveau commandement n'est pas dans nos attributions légales, et nous ferons bien d'en décliner l'honneur et les fonctions.

Beaucoup d'entre nous se sont repentis de l'avoir accepté, car il leur a valu de vilains coups sévèrement appliqués par l'opinion publique. Nombre de maires se sont habitués à croire naïvement : d'abord qu'ils ne sont pas libres de voter à leur guise, et ensuite que leur devoir est de se fendre en quatre pour faire voter leur monde selon l'idée de M. le préfet.

Cependant la loi électorale (8 février, 15 mars 1849) ne l'entend pas ainsi, puisqu'elle veut que tout électeur, SANS EXCEPTION, soit libre dans son vote, et que nul ne le gêne. Écoutez ce qu'elle dit en son article, 106 :

« Ceux qui, soit par voies de fait, violences ou menaces envers un électeur, soit en lui faisant craindre de perdre son emploi ou d'exposer à un dommage sa personne, sa famille ou sa fortune, l'auront déterminé ou auront tenté de le déterminer à s'abstenir de voter, ou auront soit influencé, soit tenté d'influencer son vote, seront punis d'un emprisonnement d'un mois à un an et d'une amende de cent francs à deux mille francs. La peine sera double si le coupable est un fonctionnaire public. »

Mais, nous dira-t-on, cela est bon en

théorie. inadmissible en pratique, surtout en ce qui nous concerne. Le maire
est à la dévotion du préfet ; il lui doit
obéir en tous points ; penser comme lui,
agir et voter de même. D'où il résulterait,
mes amis, que nous perdrions presque
notre dignité d'homme en acceptant celle
de maire, car celui qui renonce volontai-
rement à sa liberté de penser, de parler
et d'agir, qui se laisse atteler et pousser
comme bœuf à la charrue, ressemble à
la bête ou à l'esclave, ce qui ne vaut
guère mieux. Mais il n'est pas admissible
que notre écharpe soit pour nous un
collier de servitude.

O charrue électorale ! combien tu as
déjà fait suer, souffler, pester ceux d'entre nous qui se sont crus obligés de te
traîner dans les terres officielles ! Après
ce travail fatiguant, s'ils étaient physi-

quement éreintés, ce serait peu ; mais ils le sont autrement, ce qui est bien mortifiant pour eux et pour nous tous.

Pendant et après les élections, il n'est bruit que de cela dans les papiers publics. Et voilà que le ridicule et le blâme tombent sur notre corporation tout entière. Les bons pâtissent pour les mauvais, les sages pour les fous, c'est l'usage. En ces temps malheureux, il n'y a pas lieu d'être fier de son écharpe : le malin public la regarde de travers et s'en moque. Il nous prête toutes sortes d'intrigues et de farces électorales, et chacun dit la sienne. C'est un vrai charivari pour prix de nos peines.

C'est que plusieurs d'entre nous ont vraiment donné tête baissée dans la bagarre, oubliant toute prudence, et prenant des licences trop grandes dans l'intérêt de l'*officiel* bien-aimé. Sans doute ils croyaient travailler au salut de la patrie ; mais, dans certains cas, leur zèle a été tellement outré que l'administration elle-même a cru devoir les blâmer. Ce n'est pas vous, mon doux voisin, qui avez agi de la sorte, ni vous là-haut, ni vous là-bas, ni tel ou tel à droite ou à gauche, ni moi, cela va sans dire. Pas de personnalités ! je fais allusion à des faits, à des actes bien connus de la comédie humaine. Je ne les raconterai point ici. Si quelque escamoteur de votes reconnaissait ses propres tours dans mon récit, il pourrait se moucher, étant morveux, et me donner de l'ennui.

Pour avoir retracé des scènes de ce genre, un de nos collègues, que nul ne connaît mieux que moi, a été fort malmené. Ces jours derniers, il m'a raconté.

son affaire en sortant de prison, et il m'a conseillé de causer autrement. D'ailleurs ces histoires, aussi véridiques que peu édifiantes, ont été racontées en leur temps dans les journaux, et recueillies même dans des livres fort instructifs.

Un grand diplomate disait à ses complices : « Surtout, messieurs, pas de zèle ! » Si vous m'en croyez, chers collègues, nous trouverons ce conseil excellent pour nous et le suivrons. Ce n'est pas l'avis de l'administration, qui voudrait nous faire tirer les marrons officiels de la fournaise électorale. Peu lui importe que nous nous brûlions les pattes ; elle nous trouve bons pour cela. Voyez plutôt ses circulaires, celles de 1863, par exemple ; celles de 69 seront dans le même goût probablement, car si les jours se suivent et ne se ressemblent pas, il n'en est pas

de même des circulaires électorales du
pouvoir.

L'une d'elles nous dit entre autres
choses : « Tous les ennemis de nos institutions, de ces institutions qui viennent
de donner à la France dix années de grandeur, de gloire et de prospérité inouïes,
se concertent et s'allient pour envoyer au
Corps législatif les hommes les plus connus par leur hostilité contre l'empire.
Notre département est l'un de ceux où
les plus grands efforts sont faits pour ar-
river à ce but, et où l'agitation est la
plus vive. Dans un grand nombre de
communes, malheureusement, les mem-
bres du clergé, égarés par un zèle irré-
fléchi et par les excitations des journaux
hostiles, agitent nos populations, usent
de tous les moyens d'influence que leur

donne au milieu de nous le caractère dont ils sont revêtus. »

En effet, à cette époque, les curés se permettaient d'avoir une opinion *autre*. Brebis égarées, ils avaient échappé au bercail préfectoral et étaient hérétiques en élection. Quelle horreur !

« Cette conduite, continuait le pasteur des votes, est excessive et imprudente; vous *devez* partout en combattre les effets et prémunir vos administrés, si dévoués à l'Empereur, contre des conseils et une influence dont le résultat pourrait avoir pour la tranquillité du pays les plus fatales conséquences.

« Je *compte*, à cet effet, sur votre dévouement, votre fermeté, votre intelligence éclairée, etc. »

Dans cette circulaire, l'ordre est formel; vous *devez* combattre le candidat de l'opposition; les curés le soutiennent; *je compte sur vous* pour les contrecarrer. En avant, marche! Quelle que soit votre opinion, peu importe! Pas de raisonnements! Quand un brigadier dit à son gendarme : Empoignez-moi cet homme-là! *le gendarme empoigne sans demander pourquoi. L'obéissance du militaire est aveugle et passive.* La nôtre doit-elle l'être au milieu des agitations du suffrage universel, où tous nos concitoyens jouissent de leur liberté? Est-il un seul maire qui oserait dire oui!

- Aujourd'hui la grandeur, *la gloire et la prospérité de la France doivent être plus inouïes* qu'il y a cinq ans, grâce sans doute aux députés officiels qui ont approuvé et voté bien des choses, telles que les milliards ajoutés à la dette et les années au service militaire, l'expédition du

Mexique, etc. Quant aux aménités de la Prusse et de la Russie, conséquences de tant d'autres fautes, il a bien fallu les endurer.

Attendons tranquillement de nouveaux ordres et une nouvelle consigne; mais puisque notre *intelligence est éclairée*, employons-la à les bien méditer pour comprendre ce que parler veut dire et décider après ce que nous aurons à faire dans notre libre arbitre.

Quelquefois M. le préfet veut encore nous signifier ses volontés parlant à notre personne. Alors nous recevons l'honneur de sa visite s'il s'est mis en campagne, ou bien nous l'honorons de la nôtre quand il nous a mandés dans son cabinet. Cette rencontre n'est pas sans péril. Cependant, avec un peu de cette fermeté que la circulaire précitée nous reconnait, nous pouvons nous en tirer sains et saufs, c'est-à-dire en conservant intactes notre opinion et notre liberté. C'est ce que fit un jour le maire de la commune de Verte-Allure, bien qu'il eût à soutenir le choc de l'un de ces magistrats impétueux que M. de Grammont appelle *préfets à poigne*. Le susdit fit d'abord à notre brave collègue un accueil insinuant et gracieux.

— Eh! bonjour, mon cher maire, lui dit-il, je suis bien content de vous voir.

— Vous êtes trop bon, monsieur le préfet; j'ai bien l'honneur de vous saluer.

Puis le préfet fit une foule de questions prouvant qu'il portait un immense intérêt à tout le personnel de la commune de Verte-Allure, y compris les femmes, enfanfs, chevaux, bœufs et vaches. Et comme tout allait bien, il était dans le ravissement.

Après cet épanchement il dit :

— A propos, mon cher X..., comment va notre élection dans votre commune?

— Pas mal, et vous, monsieur le préfet?

— Fort bien, fort bien! Ah çà! je compte sur vous comme vous pouvez compter sur moi. Vous êtes tous bons, dans votre commune de Verte-Allure, et voici le cas ou jamais de vous montrer. Grâce à vous, les ennemis du gouvernement seront aplatis, et notre brave Du Centaure l'emportera.

Ici la position de notre collègue devint critique, vous le comprenez. Mais, attention! il s'en tirera bien, et nous ferons tous comme lui en pareil cas, — si nous pensons de même.

Il répondit donc, toujours avec politesse et déférence :

— Chacun de nous votera suivant sa
conscience. Combien donnerons-nous de
voix à M. Du Centaure? Je n'en sais rien;
mais M. Piquerouher aura la majorité,
c'est sûr.

Sur quoi le préfet fit une vilaine gri-
mace et s'écria :

— On me l'avait dit, mais je ne pou-
vais le croire. Vous les ferez changer,
n'est-ce pas, mon cher maire? Ils ont con-
fiance en vous et feront ce que vous leur
direz.

— Ils changeront tout seuls, si cela leur
convient; mais, monsieur le préfet, per-
mettez-moi de vous dire (sauf votre respect) que je n'y puis rien. Non, c'est impossible, leur parti est pris, je vous le dis
franchement.

— Oh! les... Mais vous, au moins, monsieur le maire, vous ferez votre devoir, j'espère?

— Oh! oui, monsieur le préfet, vous pouvez y compter.

— Et vous voterez pour M. Du Centaure?

— Oh! non, monsieur le préfet; mon devoir est de voter pour M. Piquerouher, qui parle bien, comprend bien toutes choses, et qui est très-dévoué au bien du pays.

Grande colère du pétulant magistrat. Ses yeux se mirent à briller comme deux vers luisants, mais notre collègue n'y prit pas garde, et conserva jusqu'au bout du colloque sa politesse et sa déférence.

Ne pas oublier de faire comme lui, le cas échéant.

Son interlocuteur ébouriffa son toupet et reprit :

— Comment, monsieur! vous, fonctionnaire public, vous osez vous mettre en rébellion ouverte contre les ordres formels du gouvernement? mais c'est abominable!

— Ma foi! monsieur le préfet, vous ne m'aviez pas encore dit que j'étais fonctionnaire public. Je croyais n'être qu'un magistrat campagnard non payé, bien au contraire, libre de.....

— Non, monsieur, vous êtes fonctionnaire, et comme tel obligé de voter *pour nous* et de travailler de toutes vos forces à *notre* élection.

— Vous faites erreur, sauf votre respect; je ne suis autre que le maire de Verte-Allure, et par conséquent des Verts-Lurons, ainsi qu'on nous appelle par manière de sobriquet.

— C'est vous qui faites erreur; vous

êtes fonctionnaire, puisque je vous le dis.
Il a même été décidé que tous les maires
sont de véritables sous-préfets.

— Moi, sous-préfet ! s'écria notre Vert-
Luron épouvanté ; mais je n'entends pas
cela, et c'est impossible, puisque je ne
suis qu'un simple maire. Tel que vous me
voyez, j'ai plus de cinq francs à dépenser
par jour, et je n'ai pas besoin d'être sous-
préfet pour mener une vie malheureuse.
Vous avez beau dire, un paysan qui
conduit lui-même son fumier et sa charrue dans ses fonds ne peut pas être sous-
préfet, Dieu merci ! Mais quand même je
serais fonctionnaire public pour autre
chose, j'aurais encore le droit de voter
librement, à preuve que la loi ordonne
de grandes précautions pour assurer
l'exercice de ce droit, qu'elle donne à
tous et est très-méchante pour ceux qui

le gênent. Et voilà mon opinion, sauf votre respect, ajouta-t-il en s'inclinant avec subordination.

Le préfet se sentait repoussé avec perte par la sortie comique et la logique du paysan. Il se trouvait mal à l'aise, et pour en finir il lui dit :

— Gardez pour vous votre opinion malséante, et votez pour M. Du Centaure, ou je vous casse.

— Cassez, monsieur le préfet, cassez; je suis bien désolé de vous donner cette peine, mais je ne voterai pas pour M. Du Centaure parce qu'il ne me convient pas. Je n'en dis pas de mal : c'est un grand seigneur, un habile écuyer qui connaît parfaitement le cheval et s'en occupe beaucoup; mais cela ne suffit pas, et, tout bien considéré, il n'est pas du bois dont on fait un bon député.

— Sortez d'ici, mauvaise tête ! bientôt vous aurez de mes nouvelles.

— Vous êtes trop bon, monsieur le préfet, j'ai bien l'honneur de vous saluer ; mes hommages à madame.

Vraiment, mes amis, cette aventure est arrivée comme cela ou à peu près, dans je ne sais plus quel département voisin. Elle est instructive, et c'est pour cela que je vous l'ai racontée.

Le Centaure en question fut battu dans toutes les communes. Il était cependant un des grands dignitaires de la cour, où tout est grand, et très-honnête homme. Les électeurs le savaient, mais ils disaient qu'il était avant tout homme de cheval.

Or, pour nos paysans, tout écuyer est nécessairement pareil à ceux du *Cirque américain*, qu'ils ont admirés, en compagnie de deux éléphants, dans les grandes

villes telles qu'Ornans et Pontarlier. Ces
gens-là, disaient-ils, ont de beaux habits
dorés, mais ils ne savent que dire *ioup!*
en galopant dans leur manége. C'est pas
comme ça qu'on fait les lois, surtout les
bonnes.

Il n'y a aucune malice dans ces propos,
mais seulement une confusion d'hommes
et de choses que l'on doit pardonner à
des villageois qui vont plus souvent à
l'église qu'à la cour.

Cependant les électeurs comprennent
assez que, si on veut leur imposer tous les
grands de la cour, la chambre en sera
bientôt pleine. Car, après les écuyers auli-
ques il faudra nommer députés les grands
cochers, les grands veneurs, les grands
chambellans, et enfin les grands et beaux
cent-gardes, sans compter les autres
grandesses que je ne connais pas. Les lé-

gislateurs équestres méneraient nos affaires au galop en criant *ioup!* et feraient de brillantes charges sur ceux de l'opposition, qui devraient se cacher habilement sous les bancs pour ne pas être écrasés.

Plaisanterie à part, des seigneurs de cour ne sont pas faits pour représenter un peuple. Laissons-les donc où ils sont, ces écuyers, veneurs et chambellans. Ils y rendent, je suppose, de loyaux et très-utiles services, et font bonne figure et belle jambe. Attachés à la personne du monarque, ils ne pourraient sans inconvenance contrôler les actes de son gouvernement et combattre les mauvaises lois proposées par les ministres. Il y a assez d'autres officiels dont les votes, à la chambre, consistent en un *oui* prolongé semblable à ce que les musiciens appellent un *point d'orgue* ou une *pédale continue*.

Laissons-les donc à leurs affaires de cour et causons encore des nôtres.

Beaucoup, parmi nous, frémissent à l'idée de n'être plus maires, ce qui les rend souples et empressés de satisfaire toutes les fantaisies d'en haut. Il en est que la perte de leur mairie plonge dans le désespoir et mène à la mort. Cela est absurde, invraisemblable, rare heureusement, mais vrai. Si vous le niez, ne l'ayant jamais vu, tant mieux ! Au moins avez-vous vu de gros chagrins, suite d'une destitution. A moins qu'elle ne soit méritée par quelque faute grave, il ne faut jamais en pleurer, car une destitution inique ne compromet que son auteur ; elle honore celui qu'elle frappe pour l'exer-

cice de ses droits et sa loyale indépen-
dance.

D'ailleurs l'autorité y regarde à deux
fois avant de sévir injustement. Nous
avons aussi notre force, — chacun a la
sienne, — et il nous importe à tous d'en
avoir conscience, ne fût-ce que par respect pour nous-même. Celui qui l'ignore
devient faible et se laisse manier comme
ces gros bœufs que nos petits enfants
mènent par les cornes.

Maiutenons-nous avec fermeté sur le
terrain légal, servons avec dévouement
les intérêts de nos administrés, et notre
force sera plus grande que nous ne le
croyons nous-mêmes. L'arbitraire recu-
lera devant elle. Narguons les disgrâces
imméritées; elles ne sont à craindre que
par ceux qu'elles atteignent dans leurs

intérêts, tels que les grands fonctionnaires que la fonction nourrit.

La politique qu'ils sont obligés de servir leur rend la vie dure ; s'ils ne réussissent pas, elle est inexorable pour eux sans leur tenir compte de leurs efforts malheureux. Comme maire, nous ne sommes pas au service de cette dame impérieuse ; comme simples citoyens, libre à nous de faire pour elle ce que bon nous semble.

Enfin, cette manie qui possède certains d'entre nous d'être maires envers et contre tous et jusqu'à la fin de leurs jours, est incompréhensible pour bien des gens, et les mauvaises langues en glosent. Imitons plutôt les Américains. Aujourd'hui ils sont maires, juges, présidents, etc. Demain ils ne le sont plus et peu leur importe ! Éliminés par le parti adverse ou par la fin naturelle de leur mandat, ils rentrent dans la vie privée, où la besogne ne leur fait pas défaut.

Le président de l'Union, les gouverneurs des États sont les empereurs de ces localités-là, puisqu'ils ont droit de gracier ceux que l'on va pendre! Eh bien! au bout de quatre ans, ils retournent chacun chez eux pour reprendre la suite de leurs affaires. Et nous, humbles maires de village, nous ne pourrions plier bagage sans désespoir, et nous ferions des souplesses pour conserver notre écharpe! Suivons plutôt l'exemple de notre collègue de Verte-Allure : il a été cassé, mais il ne s'en porte que mieux; lui, son bétail et ses récoltes; cassé, mais honoré par ses concitoyens.

En résumé, comprenons une bonne foi et n'oublions jamais que tout électeur est le maître absolu de son opinion et de son suffrage, fût-il dix fois maire ou fonctionnaire, et a le droit de les faire prévaloir par de bons raisonnements ; mais que la loi proscrit et punit les menaces et les moyens d'intimidation, de quelque part qu'ils viennent.

D'où il suit que, devant l'urne électorale, chacun est égal à chacun, et en particulier à M. le préfet.

Cela dit pour notre bien à tous, je le répète, je vous souhaite, chers collègues, bonne santé et bon courage.

ÉDOUARD ORDINAIRE,

Maire de Maisières par Ornans (Doubs).

Paris. — Imp. Em Voitelain, 61, r. J.-J. Rousseau.